Sebastian Delles

I

Über den Autor

Sebastian Delles (Jahrgang 1996)

- Abitur 2015
- Seit 2015 hauptamtliche Tätigkeit im Rettungsdienst als Rettungssanitäter.
- Seit 2018 in der Ausbildung zum Notfallsanitäter, aktuell in Lehrjahr 3.
- Seit 2020 Studium der Pädagogik für Bildung, Beratung und Personalentwicklung als Bachelor of Arts.

Über dieses Buch

Dieses Werk wurde am 29.10.20 unter dem Titel *Einführung in die pädagogische Beratung* als Hausarbeit im Modul *Konzepte und Arbeitsfelder der Pädagogik (DLBPGKAP01)* im Studiengang *Bachelor of Arts in Pädagogik für Bildung, Beratung und Personalentwicklung* an der *Internatioal University Bad Honnef (IUBH)*, Abteilung Fernstudium abgegeben.

Es wurden inhaltlich **keine** Änderungen vorgenommen. Eine orthographische Änderung wurden vorgenommen.

Die Arbeit wurde mit einer *1,3* bewertet.

Sebastian Delles

Kurzeinführung in die pädagogische Beratung

Hausarbeit der Pädagogik.
Jahrgang 2020.

Bibliografische Information der Deutschen Nationalbibliothek

Die Deutsche Nationalbibliothek verzeichnet diese Publikation in der Deutschen Nationalbibliografie; detaillierte bibliografische Daten sind im Internet über http://dnb.dnb.de abrufbar.

Impressum

Sebastian Delles

Kurzeinführung in die pädagogische Beratung
Hausarbeit der Pädagogik. Jahrgang 2020.

1. Auflage 2020

eMail: research@sebastian-delles.de

Herstellung und Verlag: BoD – Books on Demand, Norderstedt

ISBN: 978-3-75262653-7

I Inhaltsverzeichnis

II Abkürzungsverzeichnis

bspw.	*beispielsweise*
DGfB	*Deutsche Gesellschaft für Beratung e. V*
ebd.	*ebenda*
i.V.m.	*in Verbindung mit*
Kap.	*Kapitel*
o.J.	*Ohne Jahresangabe*

1   Einleitung

Die pädagogische Beratung stellt ein bedeutendes Konzept innerhalb des Arbeitsfeldes der Erziehungswissenschaften dar. Würde man jedoch eine willkürliche Personenbefragung nach pädagogischen Tätigkeiten durchführen, so würden vermutlich die wenigsten Befragten die Beratung den Pädagogen zusprechen. Der Pädagoge wird vielfach noch als der reine Didaktiker oder Lehrer gesehen, dem es nur um das Vermitteln von Inhalten geht (Stern 2014). Umso erstaunter dürften die meisten Personen und sicherlich auch mancher Studienanfänger sein, dass auch die Beratung zu dem Aufgabenbereich der Erziehungswissenschaften zählt. Das Wissen um Beratung ist dabei nicht ausschließlich für primär beratende Pädagogen von Relevanz – so kann sich beispielsweise ebenso während einer Lehrtätigkeit ein Beratungsanlass und -bedarf ergeben.

Der Fokus dieser Arbeit liegt auf der Heranführung des Beratungsunerfahrenen an die Thematik und ermöglicht dem Leser ein exemplarisches Überblickswissen sich anzueignen. Eine umfassende Gesamtdarstellung ist in dieser Arbeit jedoch nicht möglich. Ebenso bleibt die Arbeit möglichst neutral in Bezug auf Beratungsansätze oder Kontexte. Die jeweilige Auswahl erfolgt daher möglichst exemplarisch.

Da vom beratungsunerfahrenen Leser ausgegangen wird, führt das zweite Kapitel in die Grundzüge der Beratungslehre ein. Aufbauend auf der Definition von Beratung im generellen, erfolgt ein Definitionsversuch der pädagogischen Beratung sowie die Abgrenzung beratungsähnlicher Konzepte. Komplementiert wird die Einführung noch um die Beratungskontexte. Die historische Betrachtung schließt sich mit dem drittel Kapitel unmittelbar an.

Im darauf folgenden vierten Kapitel werden verschiedene Beratungsansätze vorgestellt. Es handelt sich um eine exemplarische Auswahl, die den *tiefenpsychologisch-psychodynamischen Ansatz*, den *verhaltenstherapeutischen Ansatz*, den *humanistisch-klientenzentrierten Ansatz* sowie den *systemischen Ansatz* umfasst.

Das fünfte Kapitel führt durch exemplarische Beratungsanlässe. Einführend wird dabei auf die Notwendigkeit der pädagogischen Beratung aus den jeweiligen Kontexten und Situationen eingegangen, woran sich erkennen lässt, dass die Beratung nicht der Beratung wegen vollzogen wird. Die Kontexte der Betrachtung umfassen *Schule und Ausbildung, Beruf und Studium, Personen mit besonderem Förderungsbedarf* sowie *sozialpädagogischer Beratung*.

Letztlich werden im sechsten Kapitel die notwendigen Kompetenzen zur pädagogischen Beratung diskutiert. Hierfür erfolgt eingangs ein Überblick über den aktuellen Stand in der Literatur. Aus den Erkenntnissen der vorliegenden Literatur werden vier, möglichst allgemeingültige Leitsätze in Bezug zu guter pädagogischer Beratung formuliert. Das Kapitel schließt mit einem exemplarischen Fall, an dem die beispielhafte Umsetzung der Leitsätze verdeutlicht wird.

2 Grundlagen pädagogischer Beratung

2.1 Beratung im Allgemeinen

Unter dem Beratungsbegriff versteht man eine „eine Interaktion zwischen einem speziell ausgebildeten Beratenden und einem Ratsuchenden" (Kämpfe 2019, S. 250), mit dem Ziel das der Ratsuchende möglichst selbstbestimmt eine Entscheidung treffen kann (ebd.). Diese Interaktion ist dabei zeitlich befristet und baut auf Kommunikation auf (Broermann 2015, S. 74) Das genaue Vorgehen ist abhängig von der zugrunde liegenden Beratungstheorie. Das Ziel ist abhängig vom stattfindenden Anlass. Bei der heute oft verwendeten systemischen Beratung handeln bspw. beide Akteure ebenbürtig; jeder Akteur jedoch mit eigenen Aufgaben und Zielen im Beratungsprozess (Schiersmann 2018a, S. 1500f; Schubert et al. 2019, S. 84). Als Kontrast dazu können etwa die einstigen „Ehefähigkeitsberatungen" genannt werden, bei denen repressive Ziele des Staates verfolgt wurden (Gröning 2011, S. 25) und beide Akteure eben nicht ebenbürtig waren.

2.2 Pädagogische Beratung

Der Blick in die Literatur zeigt eine sehr heterogene Definition des Begriffs der pädagogischen Beratung, sofern überhaupt ein Definitionsversuch unternommen wird (Hechler 2010a, S. 9f). Nach

Hechler (ebd.) wird generell immer dann von pädagogischer Beratung gesprochen, wenn die Beratung in einem pädagogischen Kontext stattfindet oder sofern die Beratung durch einen Pädagogen praktiziert wird. Hechler (ebd.) weist allerdings kritisch darauf hin, dass bei beiden Definitionen es einer pädagogischen Begründung fehlt. Genau diese pädagogische Begründung sei jedoch notwendig, damit „Beratung als komplexe Form pädagogischen Handelns" bezeichnet werden kann (ebd.). Die stellt einen begründeten Einwand aus erziehungs*wissenschaftlicher* Sicht dar, der aus pädagogisch-praktischer Sicht jedoch vermutlich zu vernachlässigen ist.

Neben dem Begriff der pädagogischen Beratung finden sich in der Literatur auch andere Begrifflichkeiten mit ähnlicher Bedeutung. Exemplarisch sei auf die Bildungsberatung hingewiesen, welche im Kontext des lebenslangen Lernens im Vordergrund steht (Schubert et al. 2019, S. 10; Kossack 2010).

Ferner lässt sich postulieren, dass die Beratungslehre für sich eine interdisziplinäre Hilfswissenschaft darstellt und erst einmal ohne praktischen Bezug ist. Ärzte, Juristen und diverse weitere Professionen nutzen die Beratung in ihrer Arbeit, jedoch nicht des Beratens selbst wegen, sondern immer intentional und zweckorientiert. Gleiches gilt entsprechend für die Pädagogik (Hechler 2010b, S. 25–46; Krause et al. 2003, S. 17ff).

2.3   Abgrenzung zu anderen Konzepten

Der Begriff der Beratung muss von verschiedenen anderen Begrifflichkeiten abgegrenzt werden. Hier sei der Begriff der Therapie bzw. Psychotherapie als Erstes genannt. Bei der Therapie werden „Problem[e] mit *Krankheitswert*" (Kämpfe 2019, S. 251, Hervorhebung im Original) in meist längerfristigen Sitzungen behandelt. Kämpfe verweist an dieser Stelle auf die Empfehlung des Gemeinsamen Bundesausschusses über Psychotherapie hin (ebd.; vgl. Gemeinsamer Bundesausschuss 2019).

Bei den Begriffen des Coachings und der Supervision gibt es nur wenige Differenzen und teilweise werden beide Begriffe auf Synonym verwendet, wenngleich sich der historische Ursprung unterscheidet (Bosse 2010, S. 10f; Geißler 2016). Beide Begriffe können als eine Sonder- bzw. Unterform der Beratung betrachtet werden (Bosse 2010, S. 6f; Schubert et al. 2019, S. 235ff). Bei Coaching handelt es sich meist um „die personenzentrierte Beratung von Fach- und Führungskräften in Wirtschaftsorganisationen" (Bosse 2010, S. 9). Dem gegenüber handelt es sich bei der Supervision ebenfalls um eine personenzentrierte Beratung, die den Fokus insbesondere auf die Reflexion des Klienten richtet (ebd., S. 3). Der Ursprung der Supervision findet sich in der Sozialarbeit (ebd.), ist in diesem Kontext jedoch heutzutage nicht mehr exklusiv zu finden (Schubert et al. 2019, S. 243).

2.4 Organisationaler und Gesellschaftlicher Kontext

Bei Beratungen spielen neben den persönlichen Situationen des Klienten auch immer organisationale und gesellschaftliche Rahmenbedingungen eine Rolle (Schiersmann 2018a, S. 1501).

Unter dem *organisationalen* Kontext versteht man die Teilnahmebereitschaft des Teilnehmers, bspw. ob eine Teilnahme freiwillig oder im Rahmen einer Förderung durch die Agentur für Arbeit stattfindet (ebd.). Aber auch der Formalisierungsgrad der Beratung fällt in den organisationalen Kontext (ebd.). Dem gegenüber verdeutlicht der *gesellschaftliche* Kontext, dass auch soziologische Gründe ursächlich für einen Beratungsanlass sein können. So bringt die zunehmende Globalisierung eine Veränderung des Arbeitsmarktes mit sich, woraus sich dann letztlich ein Beratungsanlass ergeben kann (ebd.).

3 Historische Entwicklung

Die historische Reflexion lässt sich sehr vielfältig ausdifferenzieren. So haben die verschiedenen Beratungsansätze als auch Anlässe für sich bereits eine umfassende Historie. Aus diesem Grund werden im Folgenden nur exemplarische Meilensteine der Beratung im Feld der Pädagogik skizziert.

Anfang des 20. Jahrhunderts bildeten sich Jugendsichtungsstellen, wobei der Fokus auf der Erziehungsberatung lag (Bauer et al. 2012, S. 74). Insbesondere die Zustände nach dem Ersten Weltkrieg führten zu einer Beratungsbedürftigkeit in der Kinder- und Jugenderziehung (ebd.). Ferner lag ein Schwerpunkt in der ersten Jahrhunderthälfte in der Aufklärung. So lässt sich in dieser Zeit die Gründung von Beratungsstellen für Mutterschutz und Sexualreform beobachten (ebd., S. 71).

Nach Bauer (ebd., S. 75) folgte dem Zweiten Weltkrieg zunächst eine Anknüpfung an die Weimarer Republik, der Fokus lag bis in die 1960er Jahren unter anderem auf der Erziehungs- und Sexualpädagogikberatung. Dies änderte sich schließlich aufgrund zunehmender Kritik in den 1960er Jahren. Als wichtiger Vertreter dieser Zeit ist Klaus Mollenhauer zu nennen (Gröning 2011, S. 32ff; Bauer et al. 2012, S. 75). Mollenhauer kritisierte bspw. die Erziehungsberatungsstellen, weil diese mehr einer psychologischen

Therapie, als einer echten pädagogischen Beratung glichen (Gröning 2011, S. 34f). Gleichzeitig forderte Mollenhauer, seines Zeichens Sozialpädagoge, den Ausbau der Beratung im sozialpädagogischen Kontext (ebd., S. 36).

Im Feld der Erwachsenenbildung sind die ersten Beratungsansätze bereits in der Berufsberatung des Bund deutscher Frauenvereine von 1898 zu verorten (Kossack 2010, S. 4). Dabei spielten neben der Emanzipation der Frau, auch die neu entstandene Gewerbefreiheit eine Rolle (ebd.). Ab den 1960er Jahren ist zeitgleich mit der Professionalisierung der Erwachsenenbildung, auch eine Institutionalisierung der Bildungsberatung festzustellen (ebd., S. 6).

2004 gründete sich schließlich die Deutsche Gesellschaft für Beratung e. V., kurz DGfB, als Dachverband von mehr als 25 Einzelverbänden (DGfB 2015). Ziele sind unter anderem die Entwicklung von Kooperation und der Vernetzung zwischen den verschiedenen Akteuren im Beratungsfeld (ebd.).

Des Weiteren gibt es zunehmend Studiengänge in den Bereichen Sozialpädagogik oder Bildungswissenschaften, die einen klaren Fokus auf den Beratungsaspekt legen (bspw. TU Berlin o.J.; Medical School Berlin o.J.; Hochschule der Bundesagentur für Arbeit o.J.).

4 Beratungskonzepte

4.1 Übersicht

Die folgende Übersicht ist angelehnt an den Gliederungsversuch nach Schubert et al (2019) und Kämpfe (2019). Der Fokus liegt dabei auf den „therapieorientierten Beratungsansätzen" (Schubert et al. 2019). So werden im Folgenden der *tiefenpsychologische,* der *verhaltenstherapeutische, humanistische-klientenzentrierte* sowie der *systemische* Beratungsansatz thematisiert.

Bei dem tiefenpsychologischen und dem verhaltenstherapeutischen Beratungsansätzen ist der Übergang zur Therapie (vgl. Kap. 2.3) fließend. Der Beratende sollte sich dieser Tatsache bewusst sein und sich stets fragen, ob diese Konzepte für den jeweiligen pädagogischen Kontext geeignet erscheinen. Nichtsdestotrotz lassen sich in der Literatur Beispiele dieser Beratungsansätze im pädagogischen Kontext finden (Kämpfe 2019, S. 258f; Gröning 2011; Krause et al. 2003; Bauer et al. 2012).

Bei allen Ansätzen ist anzumerken, dass es nicht den *einen* Ansatz gibt. Vielmehr handelt es sich zumeist um Grundsätze, die für die Ansätze typisch sind (vgl. Schubert et al. 2019, S. 68, S. 81). Teilweise werden dabei Ansätze auch vermischt, so ist eine mehr oder weniger systemische Herangehensweise heute bei den meisten Beratungsansätzen zu finden (vgl. Hechler 2010b, S. 15ff; Schubert et al. 2019, S. 70f). Um dieser Tatsache Rechnung zu tragen, wird im in diesem Werk auch von Ansätzen statt ausdifferenzierter Konzepte gesprochen.

4.2   Tiefenpsychologischer-psychodynamischer Ansatz

Der tiefenpsychologische Beratungsansatz geht auf die Psychoanalyse nach Freud zurück (Schubert et al. 2019, S. 76f; Kämpfe 2019, S. 258). Kern ist dabei das 3-Instanzen-Modell mit dem *Ich, Über-Ich* und *Es* (Schubert et al. 2019, S. 76f). Bei diesem wird Ansatz davon ausgegangen, dass unterbewusste Verinnerlichungen aus der Kindheit das jeweilige Verhalten erklären (ebd.). Sie sind somit ursächlich für den Beratungsgrund bzw. -anlass (ebd.).

In letzter Zeit entwickelt sich zunehmend auch das psychoanalytische Erziehungsparadigma (vgl. Hechler 2010b, S. 80ff; Gudjons/Traub 2016, S. 46), weswegen eine Ausbreitung dieses Beratungsansatzes innerhalb der Pädagogik nicht abwegig erscheint.

4.3   Verhaltenstherapeutischer Ansatz

Der Kern der verhaltenstherapeutischen Beratung ist das menschliche Verhalten, welches dieser sich selbst angeeignet hat; dies meint explizit auch das jeweilige Problemverhalten (Schubert et al. 2019, S. 67f). Beim Aneignungsprozess unterscheidet der Mensch nicht in ein gestörtes oder nicht gestörtes Verhalten (ebd., S. 68). In Kombination mit einem positiven Menschenbild, wird propagiert, dass das einst gelernte Verhalten ebenso wie es gelernt wurde, auch wieder um- oder verlernt werden kann (Kämpfe 2019, S. 258f): „Ein Mensch ist also prinzipiell in der Lage, sein Verhalten zu ändern" (Schubert et al. 2019, S. 72). Dass der Klient hierbei auch selbst in der Verantwortung steht, zeigt sich bspw. daran, dass Aufgaben für die Zeit zwischen zwei Beratungssitzungen gemeinsam aufgestellt werden (Kämpfe 2019, S. 259).

Grundlage des Ansatzes ist die klassische Psychologie. Zum einen wird auf den Behaviorismus mit der klassischen und operanten Konditionierung zurückgegriffen (Schubert et al. 2019, S. 68f). Aber auch die Arbeiten Banduras werden mitberücksichtigt (ebd., S. 69). Gegenwärtig fliesen immer mehr humanistische Ideen mit in den verhaltensorientierten Ansatz ein. Exemplarisch ist ein zunehmender Fokus auf Emotionen und der Achtsamkeit (engl. Mindfulness) zu beobachten (ebd., S. 70f).

4.4 Humanistisch-Klientenzentrierter Ansatz

Unter den humanistischen Beratungsansätzen gilt der klientenzentrierte Ansatz nach Carl Roger als der bekannteste Vertreter (Kämpfe 2019, S. 259). Kennzeichnend für den klientenzentrierte Ansatz ist der Fokus auf den Klienten selbst, sowie die Beziehung mit dessen Berater (Schubert et al. 2019, S. 81; Kämpfe 2019, S. 259). Dabei steht das Verstehen der eigenen Emotionen mithilfe der drei Therapeutenvariablen *Echtheit*, *Akzeptanz* und *Empathie* im Vordergrund (Schubert et al. 2019, S. 83; Kämpfe 2019, S. 259). Unter Empathie ist zu verstehen, dass der Berater sich in den Klienten hineinversetzen soll und versucht dessen Situation zu verstehen (Schubert et al. 2019, S. 83). Mit Kongruenz bzw. Echtheit ist gemeint, dass der Berater stets ehrlich zum Klienten ist und diesem nichts vortäuscht. Dies bedeutet ausdrücklich auch, dass der Berater seine eigenen Gefühle und Meinungen nicht verstellen soll (ebd., S. 83f). Aber auch auf die Stimmigkeit des Gesagten (Verbalen) mit der Mimik (Nonverbalen) ist zu achten (Schulz von Thun 1981, S. 39ff). Bei der Akzeptanz geht es um das Akzeptieren und Wertschätzen des Klienten, ohne diesen zu verurteilen (Schubert et al. 2019, S. 85).

4.5   Systemischer Ansatz

Die systemische Beratung hat ihren Ursprung in den Systemtheorien (Hechler 2010b, S. 15ff). Es gibt nicht die eine Systemtheorie, meist wird jedoch auf die Gedanken von Niklas Luhmann aufgebaut (Hechler 2010b, S. 15ff i.V.m. Berghaus/Luhmann 2011).

Grundgedanke der systemischen Beratung ist es, den Klienten nicht als Individuum, sondern das Individuum im Gesamtkontext seines sozialen Systems inklusive der entsprechenden Wechselbeziehungen zu betrachten (Schubert et al. 2019, S. 90f). Bei einem auffallenden Schulkind sollte so der Blick neben dem Schulkind auch auf das Elternhaus, die Lehrer als auch die Mitschüler fallen. Dabei muss das Umfeld nicht zwingend an der Beratungssitzung partizipieren oder präsent sein (Kämpfe 2019, S. 260).

5 Beratungsanlässe

5.1 Notwendigkeit von pädagogischer Beratung

Die Notwendigkeit der pädagogischen Beratung ergibt sich aus verschiedenen Situationen, in denen eine Beratung durch Pädagogen oder im pädagogischen Kontext notwendig erscheint (vgl. Kap. 2.2).

Nach Schiersmann (2013, S. 27) sind sechs Felder beschrieben, in denen eine pädagogische Beratung in den Kontexten der „Bildung, Beruf [und] Beschäftigung" (ebd.) stattfindet. Aus diesen ergeben sich jeweilige Beratungsschwerpunkte sowie Institutionen. Die Beratungsfelder werden im Folgenden gruppiert in *Schule und Ausbildung* sowie *Beruf und Studium* betrachtet. Dazu kommen *Personengruppen mit besonderem Beratungsbedarf* (ebd.).

Davon abzugrenzen ist die sozialpädagogische Beratung (Bauer et al. 2012, S. 84ff), die sich mit Erziehungsfragen, außerhalb des schulischen Kontextes beschäftigt (Bäumer 1929, zitiert nach Eßer 2018, S. 277) und damit vordringlich, jedoch nicht ausschließlich, mit Kindern und Jugendlichen arbeitet (vgl. Richter 2019, S. 1).

5.2 Schule und Ausbildung

Während der „Schullaufbahn" ergibt sich Beratungsbedarf besonders bei der Wahl der Schulform und der Fächerwahl (Schiersmann 2013, S.

27). Weiterhin kann eine Lernberatung notwendig sein (Bauer et al. 2012, S. 101ff). Diese Beratungen können und werden meist von den Lehrern, und damit den Schulen selbst angeboten (Schiersmann 2013, S. 27).

Bei dem „Übergang Schule – Beruf“ sowie dem Feld „Berufliche Erstausbildung“ entsteht der Bedarf für Beratung anfänglich bei der Wahl einer geeigneten Ausbildungsstelle, sowie folgend bei Problemsituationen innerhalb der Ausbildung (ebd.). Institutionen, die dabei beratend tätig werden, sind vor allem die Arbeitsagenturen mit ihren Berufsinformationszentren, teilweise auch in Kooperation mit den Schulen (Bundesagentur für Arbeit 2019). Zudem bieten exemplarisch die Industrie- und Handelskammern ebenso eine Ausbildungsberatung an (IHK.de o.J.).

5.3   Beruf und Studium

Im Feld Studium ergeben sich drei Phasen von Interesse aus Beratungssicht. Bereits die Wahl eines Studienganges führt häufig zu Beratungsbedarf, analog zur Ausbildungswahl (Schiersmann 2013, S. 27). Während eines Studienganges können finanzielle und persönliche Probleme, aber auch die Unzufriedenheit über die Studienwahl zu Beratungen führen (ebd.). Letztlich stellt der Abschluss eines Studiums mit dem anstehenden Eintritt ins Berufsleben ein weiterer Beratungsanlass dar (ebd.). Beratend tätig werden an dieser Stelle erneut die Arbeitsagenturen, zusammen mit den Hochschulen und den Studentenwerken (ebd.; bspw. Studentenwerk München o.J.; Universität des Saarlandes o.J.).

Letztlich sind die Felder „Berufstätigkeit" und „Weiterbildung" zu nennen (Schiersmann 2013, S. 27). Unter diesen Kategorien werden die Gründerberatung, berufliche Reflexion als auch Weiterbildungs- und Qualifizierungsberatung subsumiert (ebd.). Beratungsanbieter sind mehrheitlich die bereits genannten Institutionen, wie der Arbeitsagentur und den Kammern (Bauer et al. 2012, S. 138).

5.4   Personen mit besonderem Beratungsbedarf

Zu den Personengruppen mit besonderem Beratungsbedarf gehören nach Schiersmann (2013, S. 29) sozial Benachteiligte, sowie Menschen mit Behinderung oder Migrationshintergrund. Hierbei ist weniger der Kontext als die Zugehörigkeit zu einer dieser Personengruppen verantwortlich für den Beratungsbedarf.

5.5   Sozialpädagogische Beratung

Die Beratung im sozialpädagogischen Kontext beinhaltet zum einen die „Erziehungs- und Familienberatung" (Zwicker-Pelzer 2010, S. 78f). Rechtsgrundlage der Erziehungs- und Familienberatung ist das Kinder- und Jugendhilfegesetz von 1992 (ebd.). Dazu kommen „Beratungen in

Partnerschafts- und Lebensfragen" (ebd., S. 81f). Aber auch die bereits angesprochenen Personen mit besonderem Beratungsbedarf (vgl. Kapitel 5.2.3) fallen teilweise in den Bereich der Sozialpädagogik (ebd., S. 91f). Als Institutionen in diesem Kontext sind bspw. die Jugendämter zu nennen (Schilling/Klus 2015, S. 212f), zum anderen sind aber auch verschiedene Wohlfahrtsverbände beratend tätig (ebd., S. 213ff).

6 Notwendige Kompetenzen

6.1 Blick in die Literatur

Der Blick in die gängige Literatur zeigt ein sehr heterogenes Bild, wenn es um die notwendigen Kompetenzen von Beratung im generellen und insbesondere der pädagogischen Beratung geht. Ferner sind abhängig von der Zielgruppe, Beratungsanlass (Fachkompetenz) oder Beratungsansatz (bspw. Schubert et al. 2019, S. 81) jeweils verschiedene Kompetenzen notwendig. Letztlich werden die Kompetenzen auch teilweise sehr unterschiedlich ausdifferenziert. Kämpfe (2019, S. 255ff) lehnt sich dabei an die vier Einzelkompetenzen der Handlungskompetenz an, während Schiersmann (2018b, S. 677ff) eigene Kompetenzfelder definiert. Hechler teilt notwendiges Wissen in verschiedene Teilgebieter pädagogischen Handelns (2010b, S. 85ff) ein. Im Rahmen dieser Arbeit werden verschiedenen Attribute und Kompetenzen in prägnanten Leitsätzen zusammengefasst und anhand eines kurzen Falles jeweils demonstriert.

6.2 Leitsätze

(1) Der Berater soll über eine große Methodenvielfalt verfügen und die jeweilige Methode situativ anpassen.

Desto mehr Methoden der Berater kennt, desto besser kann er auf die individuelle Beratungssituation reagieren (vgl. Weinhardt 2018, S. 495f; Kämpfe 2019, S. 256).

(2) Der Berater soll über eine große Fachkompetenz verfügen, um fachspezifische Fragen bestmöglich beantworten zu können.

Genauso wie der Arzt der Patienten berät, Kenntnis über Krankheitslehre und Therapie benötigt, benötigt ein in der Berufsberatung tätiger Pädagoge fachliches Hintergrundwissen über die Berufsausbildung und -vermittlung (vgl. Hechler 2010b, S. 31ff, S. 106ff).

(3) Der Berater soll über eine ausgeprägte Sozialkompetenz verfügen: Zentrum der Beratung ist der zu Beratende. Ihm soll Wertschätzung entgegengebracht werden. Der Berater ist sich seines Verhaltens bewusst. Er erkennt seine eigenen Grenzen und schadet dem Klienten nicht.

In der Beratung geht es nicht um den Berater, sondern viel mehr um den Klienten (vgl. Gröning 2011, S. 35). Zudem sollte der Pädagoge sich auf den Klienten einlassen und ihm ehrlich gegenüber sein. (vgl. Schubert et al. 2019, S. 82ff). Auch sei auf die Therapeutenvariablen von Carl Rogers verwiesen (vgl. Kap 4.4). Der Berater therapiert nicht, sondern er berät und ermöglicht damit dem Klienten eine selbstbestimmte Entscheidung zu treffen (ebd., S. 86f; vgl. Gröning 2011, S. 34f).

> (4) *Der Berater reflektiert sein Handeln regelmäßig und bildet sich selbst regelmäßig fort.*

Um sein Handeln regelmäßig zu überprüfen, sollte der Berater über gute Reflexionsfähigkeiten verfügen (Schiersmann 2018b, S. 680f). Möglicherweise wird diese Reflexion sogar im Rahmen einer Supervision durch Dritte untersucht. Auch an die eigene Psychohygiene sollte gedacht werden (Bauer et al. 2012, S. 65ff). Das regelmäßige Auffrischen seines Wissens sollte in jeder Profession im Rahmen des lebenslangen Lernens heutzutage obligatorisch sein (Nolda 2015, S. 12ff).

6.3 Exemplarischer Fall

Exemplarisch soll der Fall von Timo betrachtet werden. Timo ist 16 Jahre und beendet in einigen Monaten die Realschule mit einem mittleren Bildungsabschluss. Timo wollte sich schon immer um Menschen kümmern. Es findet eine Berufsberatung bei einer freien

Berufsberatung statt, um einen passenden Beruf im Themengebiet der Gesundheitsfachberufe zu finden.

Der Berater Herr Mustermann verwendet eine dem Alter entsprechenden Beratungsansatz. Der gewählte Beratungsansatz berücksichtigt die hohe Selbstständigkeit von Timo *(Leitsatz 1)*. Da Herr Mustermann auch über eine Ausbildung im Rettungsdienst besitzt, hat er viele Einblicke in den Gesundheitsbereich erlangen. Somit verfügt er über den entsprechend notwendigen fachlichen Hintergrund, sowohl in der Berufsberatung als auch im speziellen Themenfeld der Gesundheitsfachberufe *(Leitsatz 2)*. Herr Mustermann lässt Timo erst einmal erzählen und versucht eine möglichst angenehme Atmosphäre aufrecht zu halten *(Leitsatz 3)*. Vor dem Beratungsgespräch hat sich Herr Mustermann noch einmal einen Überblick über die aktuellen Veränderungen im Gesundheitsbereich verschafft. In Anschluss an das Gespräch wird über den Beratungsverlauf noch einmal in einem wöchentlichen Meeting gesprochen und Verbesserungspotenzial mit Kollegen herausgearbeitet *(Leitsatz 4)*.

7   Fazit

Ziel der Arbeit war es, eine kompakte Einweisung in das Themenfeld der pädagogischen Beratung zu dem Leser zu ermöglichen.

Zusammenfassend lässt sich sagen, dass bei der pädagogischen Beratung es sich um eine Beratung durch Pädagogen oder in den Kontexten pädagogischen Handelns handelt. Dabei spielt auch der organisationale und gesellschaftliche Kontext eine Rolle. Zudem ist die Beratung unter anderem von der Supervision bzw. dem Coaching abzugrenzen. Die Geschichte pädagogischer Beratung lässt im deutschsprachigen Raum auf eine über hundert Jahre alte Traktion zurückblicken.

Beratungsansätze haben teilweise einen starken psychologisch Hintergrund, wie bei dem tiefenpsychologischen oder verhaltenstherapeutischen Ansatz. Der humanistisch-klientenzentrierte Ansatz nach Carl Rogers baut wiederum auf einem humanistischen Menschenbild auf. Der systemische Ansatz bedient sich derweil mit der Systemtheorie und hat damit auch eine soziologisch-philosophische Grundlage.

Die Notwendigkeit der pädagogischen Beratung lässt aus den verschiedenen Anlässen und Kontexte ableiten, welche sich grob in die Kategorien Schule und Ausbildung, Beruf und Studium, Personen mit besonderem Förderungsbedarf sowie sozialpädagogischer Beratung aufteilen lassen. Ferner lässt sich meist noch einmal zwischen hauptsächlicher Beratungsaktivität und einer Beratungstätigkeit als nebensächliche Aufgabe unterteilen. Als nebensächlich kann die Beratung bspw. bei Lehrern angesehen werden, während es die Haupttätigkeit in einer sozialpädagogischen Beratungsstelle einnimmt.

Zur Vereinfachung der notwendigen Kompetenzen wurden vier Leitsätze formuliert. Im ersten Leitsatz wird eine umfassende und situationsadaptierte Methodenkompetenz vom Beratenden verlangt. Damit Beratung in der jeweiligen Situation gelingt, wird die Fachkompetenz im zweiten Leitsatz betont. Der dritte Leitsatz befasst sich mit der Sozialkompetenz und zeigt die besondere Verantwortung des Beraters auf. Der letzte und vierte Leitsatz fordert den Berater zur Selbstreflexion und Teilnahme am lebenslangen Lernen auf.

III Literaturverzeichnis

Bauer, A., Gröning, A., Hoffmann, C., et al. (Hrsg.) (2012): Grundwissen Pädagogische Beratung. Göttingen Bristol: Vandenhoeck & Ruprecht. (= UTB Pädagogik 3744).

Berghaus, M. & Luhmann, N. (2011): Luhmann leicht gemacht: eine Einführung in die Systemtheorie. 3., überarbeitete und ergänzte Auflage. Köln: Böhlau. (= UTB Soziologie, Medien- und Kommunikationswissenschaft, Geisteswissenschaft 2360).

Bosse, U. (2010): Supervision. In: EEO Enzyklopädie Erziehungswissenschaft. Juventa Verlag Weinheim und München.

Broermann, M. (2015): Das Selbstverständnis von Beratung: Auf dem Weg zu einer Beratungsprofession und -disziplin? In: Organisationsberatung, Supervision, Coaching 22, S. 73–86.

Bundesagentur für Arbeit (2019): Merkblatt 11 - Angebote der Berufsberatung. Online unter: https://www.arbeitsagentur.de/datei/merkblatt-11-berufsberatung_ba015370.pdf. Abgerufen am: 20. August 2020.

DGfB (2015): Beratung in der reflexiven Gesellschaft. In: Deutsche Gesellschaft für Beratung e.V. Online unter: https://www.dgsf.org/themen/stellungnahmen-1/positionspapier-beratung-in-der-reflexiven-gesellschaft. Abgerufen am: 24. August 2020.

Eßer, F. (2018): Sozialpädagogik. In: Graßhoff, G., Renker, A., & Schröer, W. (Hrsg.): Soziale Arbeit. Wiesbaden: Springer Fachmedien Wiesbaden. S. 273–286.

Geißler, H. (2016): Supervision/Coaching als Methode organisationspädagogischer Praxis. In: Göhlich, M., Schröer, A., & Weber, S. M. (Hrsg.): Handbuch Organisationspädagogik. Wiesbaden: Springer Fachmedien Wiesbaden. S. 1–12.

Gemeinsamer Bundesausschuss (2019): Richtlinie des Gemeinsamen Bundesausschusses über die Durchführung der Psychotherapie.

Gröning, K. (2011): Pädagogische Beratung: Konzepte und Positionen. 2., aktualisierte und überarb. Aufl. Wiesbaden: VS, Verl. für Sozialwiss. (= Lehrbuch).

Gudjons, H. & Traub, S. (2016): Pädagogisches Grundwissen: Überblick - Kompendium - Studienbuch. 12., aktualisierte Auflage. Bad Heilbrunn: Verlag Julius Klinkhardt. (= UTB Pädagogik 3092).

Hechler, O. (2010a): Pädagogische Beratung. In: EEO Enzyklopädie Erziehungswissenschaft. Juventa Verlag GmbH Weinheim und München.

Hechler, O. (2010b): Pädagogische Beratung. Stuttgart: Kohlhammer Verlag.

Hochschule der Bundesagentur für Arbeit (o.J.): Bachelorstudiengänge | HdBA. Online unter: http://www.hdba.de/studium/bachelorstudiengaenge. Abgerufen am: 24. August 2020.

IHK.de (o.J.): Ausbildungsberatung für Betriebe & Azubis - IHK. In: IHK.de. Online unter: https://www.ihk.de/ausbildungsberatung. Abgerufen am: 20. August 2020.

Kämpfe, N. (2019): Pädagogische Beratung. In: Kracke, B. & Noack, P. (Hrsg.): Handbuch Entwicklungs- und Erziehungspsychologie. Berlin, Heidelberg: Springer Berlin Heidelberg. S. 249–274.

Kossack, P. (2010): Beratung in der Erwachsenenbildung. Juventa Verlag Weinheim und München.

Krause, C., Fittkau, B., Fuhr, R., et al. (Hrsg.) (2003): Pädagogische Beratung: Grundlagen und Praxisanwendung. Paderborn: Schöningh. (= UTB Pädagogik, Erziehungswissenschaften, Sozialpädagogik 2326).

Medical School Berlin (o.J.): Bachelor Soziale Arbeit, Schwerpunkt Beratung und Familie | MSB Berlin. Online unter: https://www.medicalschool-berlin.de/studiengaenge/fakultaet-gesundheitswissenschaftenfachhochschule/bachelorstudiengaenge/soziale-arbeit-schwerpunkt-beratung-und-familie/. Abgerufen am: 24. August 2020.

Nolda, S. (2015): Einführung in die Theorie der Erwachsenenbildung. 3. Auflage. Darmstadt: WBG. (= Grundwissen Erziehungswissenschaft).

Richter, H. (2019): Einleitung. In: Sozialpädagogik – Pädagogik des Sozialen. Wiesbaden: Springer Fachmedien Wiesbaden. S. 1–8.

Schiersmann, C. (2013): Beratung im Feld Bildung, Beruf, Beschäftigung. In: Schiersmann, C. & Weber, P. (Hrsg.): Beratung in Bildung, Beruf und Beschäftigung: Eckpunkte und Erprobung eines integrierten Qualitätskonzepts. Bielefeld: wbw Media. S. 9.

Schiersmann, C. (2018a): Beratung im Kontext von Weiterbildung. In: Tippelt, R. & von Hippel, A. (Hrsg.): Handbuch Erwachsenenbildung/Weiterbildung. Wiesbaden: Springer Fachmedien Wiesbaden. S. 1495–1512.

Schiersmann, C. (2018b): Beratung als Methode organisationspädagogischer Praxis. In: Göhlich, M., Schröer, A., & Weber, S. M. (Hrsg.): Handbuch Organisationspädagogik. Wiesbaden: Springer Fachmedien Wiesbaden. S. 671–683. (= Organisation und Pädagogik).

Schilling, J. & Klus, S. (2015): Soziale Arbeit: Geschichte, Theorie, Profession: mit 26 Abbildungen, 14 Praxisbeispielen und 138 Übungsfragen ; mit Online-Material. 6., vollständig überarbeitete Auflage. München Basel: Ernst Reinhardt Verlag. (= Studienbücher für soziale Berufe 1).

Schubert, F.-C., Rohr, D., & Zwicker-Pelzer, R. (2019): Beratung: Grundlagen – Konzepte – Anwendungsfelder. Wiesbaden: Springer Fachmedien Wiesbaden. (= Basiswissen Psychologie).

Schulz von Thun, F. (1981): Miteinander reden: Störungen und Klärungen: Psychologie der zwischenmenschlichen Kommunikation. Originalausg. Reinbek bei Hamburg: Rowohlt. (= Rororo Sachbuch).

Stern (2014): Nur Lehrer reicht nicht mehr. In: stern.de. Online unter: https://www.stern.de/familie/kinder/anforderungen-an-paedagogennur-lehrer-reicht-nicht-mehr-3715928.html. Abgerufen am: 9. Oktober 2020.

Studentenwerk München (o.J.): Studienberatungen. In: Studentenwerk München. Online unter: http://www.studentenwerk-muenchen.de.typo3.studentenwerk.mhn.de/beratungsnetzwerk/wir-arbeiten-zusammen-mit/studienberatungen/. Abgerufen am: 20. August 2020.

TU Berlin (o.J.): Fakultät I Geisteswissenschaften: Masterstudiengang Bildungswissenschaft - Organisation und Beratung. Online unter: https://www.tu-berlin.de/fakultaet_i/menue/studium_und_lehre/studiengaenge/masterstudiengang_bildungswissenschaft_organisation_und_beratung/. Abgerufen am: 24. August 2020.

Universität des Saarlandes (o.J.): Zentrale Studienberatung. In: Universität des Saarlandes. Online unter: https://www.uni-saarland.de/studium/beratung/zsb.html. Abgerufen am: 20. August 2020.

Weinhardt, M. (2018): Beraten. In: Graßhoff, G., Renker, A., & Schröer, W. (Hrsg.): Soziale Arbeit. Wiesbaden: Springer Fachmedien Wiesbaden. S. 485–499.

Zwicker-Pelzer, R. (2010): Beratung in der sozialen Arbeit. Bad Heilbrunn: Verlag Julius Klinkhardt. (= UTB Soziale Arbeit 3327).